● Carine Keyvan ● Anne-Sophie Michat ●

INSPIRATIONS SCANDINAVES

Tutos et DIY pour intérieurs nordiques

EYROLLES

Révision : Jeanne Labourel
Conception graphique : Claire Fauvain - www.clairefauvain.com

Toutes les photographies du livre ont été réalisées par Anne-Sophie Michat et Carine Keyvan.
Merci aux propriétaires qui leur ont ouvert leur porte :
Émilie Lecerf
Florence Pedard
Julie Pailhas
Anne Montecer
Anne-Sophie Bourdet
Séverine Monsonego

© Groupe Eyrolles, 2015
61, bd Saint-Germain
75240 Paris Cedex 05
www.editions-eyrolles.com

ISBN : 978-2-212-14178-8

À Léonie et Arthur

REMERCIEMENTS

Nous tenons à remercier tout particulièrement celles qui ont très gentiment accepté de nous ouvrir les portes de leur intérieur : Émilie, Florence, Julie P., Anne, Anne-Sophie, Séverine, Amélie L., Sonia, Lucille, Jennifer, Juliette, Alice et Julie C. Merci à elles pour ces bons moments passés à découvrir leur home sweet home. Un grand merci également à Périne, notre mannequin, qui a eu la patience de réaliser l'intégralité des DIY sous notre objectif exigeant.

Sommaire

AVANT-PROPOS

Épuré, facile à vivre, intemporel, le style scandinave répond parfaitement à nos désirs actuels. Authentique et tourné vers la nature, il fait écho à nos préoccupations profondes. Mix de bois et de matériaux bruts, il satisfait aussi notre aspiration à plus de simplicité. Étagères légères, pièces à vivre décloisonnées, son exigence de sobriété nous pousse à aller à l'essentiel. Mais dans ces pays aux hivers interminables, la maison est également un refuge, un cocon accueillant ponctué d'humour et de couleurs. Enfin, le style scandinave ne se contente pas d'être purement décoratif. Dans son ADN, forme et fonction sont indissociables. La première devant sublimer la seconde.

Parce qu'on aime son esthétique et sa philosophie, la déco nordique s'est naturellement imposée sur notre blogzine, Hëllø. Chaque jour nous publions inspirations, conseils pratiques et bonnes adresses. Un savant mélange que nous avons souhaité recréer, de manière encore plus poussée, dans cet ouvrage. Ici, vous trouverez les clés pour apporter une touche scandinave à votre intérieur.

Un premier décryptage détaille les lignes directrices qui constituent une déco nordique. Dans une deuxième partie, nous vous emmenons à la rencontre d'adeptes du style scandinave qui ont su insuffler cette ambiance si particulière à leur home sweet home. Aucune mise en scène. Parce que l'on pense qu'il n'y a pas de meilleure source d'inspiration que la réalité, ces décoïstas nous ont ouvert leur porte en toute simplicité. Nous vous livrons ensuite des DIY économiques et ultrasimples à réaliser pour donner aisément une touche nordique à votre intérieur. Enfin, dans la dernière partie, nous avons rassemblé nos meilleures adresses déco. Maintenant, c'est à vous de jouer.

–

LE STYLE SCANDINAVE
en 10 leçons

–

Les Scandinaves adorent chouchouter leur intérieur. Dans la langue danoise, il existe même un terme caractérisant le bien-être dans la maison : *hygge*. Difficile de le traduire, mais l'idée maîtresse est de créer une atmosphère esthétique et intime, de goûter aux petites choses de la vie en étant bien entouré. Une bougie, c'est *hygge*. Un apéro avec des amis au coin du feu, c'est *hygge*. Une peau de mouton sur un siège, c'est encore *hygge*. Pour simplifier, on dira que c'est une façon de créer une ambiance cosy chez soi. Mais la déco scandinave, c'est aussi un mélange de sobriété et de design. Lignes épurées et objets fonctionnels sont les deux mots d'ordre des designers nordiques du XXᵉ siècle, dont les créations sont désormais devenues culte. Voici quelques clés pour vous permettre de donner un look nordique à votre intérieur.

DU BLANC
du sol au plafond

Dans ces pays où les journées sont souvent très courtes, la lumière est un enjeu majeur. En Laponie, durant l'hiver, le soleil ne se lève pas de la journée. Les Finlandais appellent ce phénomène le *kaamos*. Une des solutions pour rendre son intérieur lumineux quand la lumière se fait désirer est d'opter pour une déco immaculée. Ainsi, les Nordiques préfèrent les murs blancs, et les sols clairs, misant sur un parquet tout aussi blanc ou en bois blond.

DES ACCESSOIRES
cocooning

Pour créer une atmosphère chaleureuse, les Nordiques usent et abusent d'accessoires comme les coussins qu'ils multiplient sur les lits et canapés ; les plaids, qui décorent aussi bien un bout de lit qu'un accoudoir de fauteuil et les tapis, qu'ils choisissent toujours comme un objet décoratif à part entière : black & white très graphique ou coloré façon tapis boucherouite marocain.

DES DÉTAILS
animaliers

La star des stars, c'est le renne. La Laponie compte de nombreux éleveurs, il n'est donc pas rare d'avoir une peau de renne chez soi, même en ville. Les peaux de mouton aussi sont très répandues. On les place au sol, sur des banquettes, des canapés et même dans les poussettes de bébé ! Les Vikings sont aussi des chasseurs, on trouve donc également des trophées d'animaux ou juste des petits bois. Comme l'idée d'avoir un animal défunt dans le salon n'est pas du goût de tous, on peut se rabattre sur des trophées en résine ou des objets plus stylisés en bois ou en peluche, et jeter son dévolu sur des motifs animaliers comme les rennes, les ours et les renards.

DES LUMINAIRES
qui en jettent

Toujours soucieux de valoriser la lumière, les Nordiques apportent un soin particulier au choix des luminaires. Suspensions, lampes à poser, lampadaires, guirlandes sont sélectionnés avec soin. C'est d'ailleurs un sujet de prédilection pour les designers. Pour optimiser la lumière, on n'hésite pas à la répartir en multipliant les sources et ainsi créer différentes ambiances : sur un bureau, à côté d'un canapé, sur une étagère. Ces petits éclairages tamisés disposés un peu partout intensifient l'aspect cosy.

JOUER LE CONTRASTE
black & white

Les Nordiques adorent jouer avec ce duo de couleurs positif/négatif. Cela apporte une petite touche chic et contemporaine. Attention, le blanc doit rester prédominant. Pour éviter un aspect trop monotone, on pense bien à varier les matières et on mise sur des imprimés graphiques : pois, rayures, chevrons qui apportent une touche de fantaisie bienvenue dans la sobriété d'un univers black & white.

DES MOTIFS
naïfs

On aime ces dessins au look seventies, remis au goût du jour par des marques comme Marimekko (Finlande) ou par Orla Kiely (Grande-Bretagne). S'ils ornent volontiers des petites pièces comme de la vaisselle (bols, mugs, pots) et des textiles (torchons ou plaids), ces motifs ont aussi la cote sur du papier peint. On évitera néanmoins le total look, on se contentera d'un lé sur un pan de mur, pour décorer un placard ou créer une tête de lit.

DES CHAISES
griffées

Les modèles d'assises scandinaves aux lignes épurées sont désormais devenus iconiques. Panton chair de Verner Panton, Egg chair ou Fourmi de Arne Jacobsen, Tulipe de Eero Saarinen, les designers nordiques ont su réinventer l'assise en leur temps. Aujourd'hui encore, les Scandinaves attachent une grande importance aux sièges et n'hésitent pas à disposer des chaises coordonnées griffées autour d'une table ou à assembler des modèles dépareillés pour réaliser un mix & match savamment étudié. Ils ne boudent pas non plus les créateurs étrangers édités chez Knoll et Vitra.

DES TOUCHES
pastel

Quand ils n'optent pas pour un black & white très contrasté, les Nordiques cèdent volontiers aux coloris pastel lumineux comme le nude, le mint ou le lilas, qu'ils sèment par petites touches sur des objets déco et des posters. Des gammes de couleurs plébiscitées aussi dans les fifties, que l'on retrouve aujourd'hui sur les pièces d'électroménager délicieusement rétro comme celles de Smeg ou Germania.

DU DESIGN
vintage

Les années 1930 à 1970 correspondent réellement à l'âge d'or du design scandinave. Esthétique et fonctionnel, tel est le cahier des charges des Nordiques. Leurs créations aux lignes pures et élégantes sont devenues iconiques.

LE BOIS
superstar

Dans les pays du Nord où les forêts sont légion, on vit en harmonie avec la **nature, et on a** volontiers la fibre écolo. La plupart des maisons sont **en bois, peintes** en rouge ou en jaune. À l'intérieur, ce matériau brut reste omniprésent, au travers du mobilier, des accessoires et d'objets déco en pin, sapin, bouleau, chêne. S'il s'agit souvent de bois clair, les enfilades en teck ont aussi toute leur place

LE NUANCIER

Bleu glacier

Dans un intérieur blanc, on apporte quelques touches de fraîcheur avec du bleu glacier qui vient réveiller en douceur la monochromie.

Black & white

Pour un intérieur contrasté, on mise sur la dualité de ce combo classique et indémodable.

Pastel

Pour un cocon cosy, un brin girly, on opte pour des nuances poudrées comme le baby pink ou le jaune.

Bois

Pour une ambiance brute, on s'entoure de bois et de plantes qui apportent une touche nature.

HOME
tours

UNE MAISON AU STYLE
rétro-scandinave

Cette maison de briques, une bâtisse flamande à double distribution caractéristique du début du xxᵉ siècle, a été totalement réaménagée pour accueillir Émilie et sa petite famille. La région lilloise est réputée pour ses brocantes, vide-greniers et villages d'antiquaires, cette fan de vintage connaît toutes les bonnes adresses du coin, traquant inlassablement les bons plans. Elle a l'œil pour repérer l'objet défraîchi qui aura de l'allure une fois restauré. Résultat, elle a su créer un petit cocon d'où se dégage une atmosphère à la fois rétro et scandinave, ses deux styles de prédilection.

◊

UN INTÉRIEUR POUR VIVRE ET TRAVAILLER

Émilie, qui travaille en free-lance, s'est aménagé un coin bureau à côté du salon. La déco de son home office est simple, mais efficace. L'espace bureau a été conçu avec un plan de travail en bois clair qui occupe toute la longueur de la pièce. Une peau de mouton vient apporter un peu de confort à la chaise en métal griffée Tolix héritée de son grand-père. Dans cette pièce ultra-lumineuse ouvrant sur le petit jardin, le grand pan de mur a été peint dans un ton bleu gris qui accroche la lumière. Deux appliques industrielles Jiéldé ont été ajoutées pour éclairer la pièce.

De l'autre côté du couloir de l'entrée, la cuisine reste ouverte sur la partie salon. Son sol s'habille d'un damier noir et blanc délimitant ainsi visuellement la pièce. Discrète, la crédence adhésive à effet carrelage joue le ton sur ton. Un plan de travail en bois vernis vient quant à lui casser l'aspect monacal des meubles de rangement.

Graphiste de métier, Émilie est l'auteure du blog Pøligom où elle distille ses bonnes adresses, ses derniers achats coups de cœur et des explications sur la restauration de ses meubles chinés.
www.poligom.com

◇

ESPRIT RÉCUP'

Le coin salon s'organise autour de l'imposante cheminée, un élément déco à part entière qui apporte de la personnalité à cette pièce. Les murs jouent la sobriété. Quelques cartes postales collées à l'aide de masking-tape, des tableaux et un pan de mur partiellement peint viennent casser la monochromie. Au sol, le parquet à grandes lames claires donne des airs de Grand Nord à la maison. Les trouvailles vintage d'Émilie prennent naturellement leur place dans ce décor, comme cette malle reconvertie en table basse. Cette chineuse avertie a aussi jeté son dévolu sur des éléments en rotin comme un miroir étoile. Une ampoule dénudée a été suspendue sur une patère en bois stylisée, remplaçant ainsi l'applique traditionnelle (voir DIY page 120).

UNE NURSERY EMPREINTE DE POÉSIE

Même esprit vintage scandinave dans la chambre de sa petite Suzon où le bois domine. On retrouve ce matériau chaleureux aussi bien sur le lit au look rétro que sur la table à langer murale contemporaine ou sur des éléments comme la tête de cerf ou les malles peintes.

Pour conserver un esprit enfantin, Émilie a suspendu un mobile aérien au-dessus du lit. Le pan de mur au fond de la pièce a été peint en bleu gris dense et quelques cartes postales viennent parfaire la déco.

Mansardé, l'étage révèle des poutres apparentes donnant beaucoup de caractère aux pièces. Le camaïeu de bleu gris apporte une note apaisante à cette pièce dédiée au repos. Sur le lit, un jeu de textiles donne une touche chaleureuse.

Une fois de plus, Émilie mêle avec talent esprit rétro et contemporain avec ce lampadaire industriel qui jouxte une commode vintage.

BOHÈME
et new nordic

Avec ses trésors vintage et ses objets débusqués chez les nouveaux éditeurs, cet appartement s'inscrit parfaitement dans la mouvance new nordic. Dans le grand salon, le blanc domine. Si le mobilier puise dans les références rétro fifties, les accessoires comme les étagères et les luminaires sont résolument contemporains. Maman de deux enfants, Florence a apporté un soin particulier à leurs chambres, mixant encore du mobilier d'occasion et des jouets pile-poil dans la tendance. Un mélange des genres maîtrisé à la perfection.

THIS IS YOUR **LIFE.**
DO WHAT YOU LOVE,
AND DO IT OFTEN.
IF YOU DON'T LIKE SOMETHING, CHANGE IT.
IF YOU DON'T LIKE YOUR JOB, QUIT.
IF YOU DON'T HAVE ENOUGH TIME, STOP WATCHING TV.
IF YOU ARE LOOKING FOR THE LOVE OF YOUR LIFE, STOP;
THEY WILL BE WAITING FOR YOU WHEN YOU
START DOING THINGS YOU LOVE.
STOP OVER ANALYZING, ALL EMOTIONS ARE BEAUTIFUL.
LIFE IS SIMPLE. EVERY LAST BITE.
OPEN YOUR MIND, ARMS, AND HEART TO NEW THINGS
AND PEOPLE, WE ARE UNITED IN OUR DIFFERENCES.
ASK THE NEXT PERSON YOU SEE WHAT THEIR PASSION IS,
AND SHARE YOUR INSPIRING DREAM WITH THEM.
TRAVEL OFTEN; GETTING LOST WILL
HELP YOU FIND YOURSELF.
SOME OPPORTUNITIES ONLY COME ONCE, SEIZE THEM.
LIFE IS ABOUT THE PEOPLE YOU MEET, AND
THE THINGS YOU CREATE WITH THEM
SO GO OUT AND START CREATING.
LIFE IS LIVE YOUR DREAM
SHORT. **AND SHARE**
YOUR PASSION.

hello

FAMILLE c'est TOUT

BE CALM

The paper bag

◊

MIX & MATCH

La grande table autour de laquelle la famille se rassemble pour dîner est encadrée par des chaises dépareillées, aussi bien des modèles design que des modèles en Formica. Au mur, la variété des formats des cadres permet de créer une dynamique visuelle.

Cette trentenaire, infirmière de métier et maman de deux enfants, doit jongler avec sa vie de famille et sa vie professionnelle. Pour le shopping, elle préfère chiner en ligne et éplucher les bons plans des sites déco. Son univers de prédilection est sans conteste celui des enfants qu'elle dévoile à travers son blog de maman, J'aurais pu m'appeler Marcel.

jauraipumappeler.canalblog.com

VINTAGE ET COSY

Un univers très doux dominé par le blanc et du mobilier vintage, comme ce fauteuil en rotin et cette commode à pieds compas très rétro. Un petit miroir de barbier vient peaufiner l'ensemble.

Le mobilier chiné apporte un petit suplément d'âme à cet appartement moderne. Quelques détails chaleureux comme une peau de mouton et des fleurs séchées s'invitent dans le salon.

Un renne, un ventilateur rétro, un poster black & white et un poste de radio couleur pastel viennent parfaire la déco du salon.

Adepte de la déco enfantine, Florence utilise des posters généralement destinés aux kids dans sa propre chambre. Des guirlandes de couleur ou en bois viennent ajouter une touche poétique.

LE VINTAGE S'INVITE CHEZ LES KIDS

Gabriel et Lilou possèdent chacun leur propre chambre. Leur maman a choisi du mobilier rétro comme dans le reste de l'appartement, en fer forgé pour le garçon et en rotin pour la fille.

DESIGN
scandi-chic

Véritable décoïsta, Julie apporte un soin particulier à son intérieur. Plaid, vase, couleur des murs, chaque détail est savamment choisi. Son mobilier est représentatif du design de la seconde moitié du xxᵉ siècle. Elle affectionne tout particulièrement les luminaires pour leur silhouette élégante. Lampe de chevet, suspension, lampadaire ou lampe à poser, elle en place plusieurs dans chaque pièce, préférant multiplier les petites sources d'éclairage à une lumière trop directe, afin de préserver l'intimité. Autre marotte de cette passionnée de design, les assises. Chaises griffées, canapé aux lignes impeccables, authentique daybed, c'est du côté des années 50-60 qu'elle aime regarder. Acheteuse éclairée, elle a su réaliser un cocon chaleureux d'où se dégage une atmosphère scandi-chic.

◊

UN INTÉRIEUR GRIFFÉ

Dans le bureau, Julie a installé ce daybed Cleopatra de Dick Cordemeijer, l'une de ses dernières acquisitions qu'elle a simplement accessoirisée avec deux coussins portant ses initiales à la typo Scrabble. Pratiques, ces banquettes des années 50-60 aux lignes impeccables font aussi office de lit d'appoint. Au sol, une peau de mouton véritable, dénichée sur Internet (photo p.42).

Adepte des grands noms du design, cette passionnée sait aussi repérer les créations contemporaines qui perdureront dans le temps comme cet oiseau en bois, classique du design nordique. Les objets déco, toujours extrêmement bien choisis, viennent s'ajouter à sa collection.

Pour son salon, Julie a choisi un canapé contemporain à l'allure fifties qu'elle a accessoirisé de quelques coussins graphiques.

Styliste dans la presse féminine, Julie aime autant la mode que le design. Son père galeriste lui a transmis un sens esthétique pointu. De Noël en anniversaires, elle a acquis des objets et du mobilier griffé, telle une collectionneuse, ajoutant année après année les pièces convoitées à son home sweet home.
JuliePailhas.com

UNE ATMOSPHÈRE SCANDI CLASSIQUE

Si les fenêtres donnent sur les toits de Paris, le coin salle à manger n'a rien à envier aux intérieurs nordiques. La table mythique du designer finlandais Eero Saarinen est encadrée par des chaises en bois *Fanett* de Ilmari Tapiovaara, autre figure fondatrice du design scandinave.

UN BUREAU RACÉ

Il y a peu de temps encore, cette pièce était une chambre d'amis. Mais ce superbe bureau Pierre Paulin reçu pour ses 40 ans a décidé Julie à s'octroyer une pièce de travail cosy. Pour adoucir ce modèle très masculin, elle a choisi une chaise emblématique des années 50, la *Tulipe* de Eero Saarinen.

Un petit chevet contemporain aux lignes résolument fifties a été placé près du lit.

Ambiance minimaliste dans la chambre. Quelques vases blancs et une lampe Arne Jocobsen viennent habiller la cheminée de marbre. Ici encore, un fauteuil iconique, signé de l'Américain Warren Platner.

DES DÉTAILS DESIGN JUSQUE DANS LA CUISINE

La cuisine est tout en simplicité. Le combo blanc et noir domine, notamment à travers cette réédition du modèle de chaise *Standard* de Jean Prouvé. Julie a aussi opté pour une affiche colorée, une petite touche humoristique et naïve que l'on retrouve aussi souvent dans les intérieurs nordiques. L'horloge est signée Charles et Ray Eames.

VOLUMES EN BLANC
made in Stockholm

Ces volumes XXL pourraient être ceux d'une spacieuse maison. Pourtant, cet espace de 110 m² est né de la réunion de plusieurs petits logements investis par Anne et sa famille. Pour renforcer le sentiment d'espace, elle n'a pas hésité à tout décloisonner et à repeindre l'ensemble en blanc du sol au plafond. Des travaux qui ont accentué la luminosité des lieux, déjà éclairés par de grandes fenêtres, sans vis-à-vis. Une base parfaite pour créer un home sweet home aux accents nordiques

◊

LA CUISINE, UNE PIÈCE CENTRALE EN SCANDINAVIE.

Ici encore, tout est blanc. Le coloris menthe du réfrigérateur et le rose de la suspension rafraîchissent subtilement l'ensemble. La table est encadrée de chaises en bois dépareillées, chinées au fil des brocantes puis repeintes. Au fond de la pièce, on trouve également, à côté d'un miroir de barbier, un vase aux motifs naïfs.

Les pièces s'organisent autour du spacieux salon. Des touches de couleur sont apportées à ce grand cube blanc au travers du mobilier vitaminé comme ce fauteuil rose au look fifties. Sur le manteau de la cheminée de marbre noir, des fleurs blanches très printanières ont été placées dans un trio de vases blancs. Discret, le trumeau est aussi habillé de blanc, et son miroir vient encore agrandir l'espace (photo p.54).

Directrice éditoriale d'Hellocoton, un site qui rassemble les actus de la blogosphère française, Anne possède aussi son propre blog, où elle égraine les petits moments de son quotidien de Parisienne et de maman.

www.annouchka.fr

DU BLEU GLACIER
POUR UNE NOTE DE FRAÎCHEUR

L'entrée contraste avec le total look blanc du reste de la maison en affirmant un bleu glacier. Au mur, un himmeli est accroché. Cette suspension délicate, traditionnellement utilisée à Noël en Finlande, est un élément déco qui s'invite de plus en plus dans nos intérieurs ces dernières années (voir DIY page 114). Le luminaire de cette dernière pièce est d'une sobriété toute scandinave, puisqu'il s'agit d'une simple ampoule suspendue à une équerre (voir DIY page 120).

Le cadre posé à même le sol apporte une touche effortless chic et la bonbonne de verre, une dame-jeanne, joue la carte du vintage tout en restant sobre.

UN NID DOUILLET

La chambre de son fils Martin est un peu moins épurée que le reste de l'appartement grâce à des affiches graphiques au mur, des guirlandes et une applique en forme de nichoir à oiseaux. Une petite touche enfantine et poétique.

Anne attache une importance particulière aux luminaires. Les lignes masculines de ce modèle industriel disposé dans la chambre du petit Martin sont adoucies par le coloris menthe qui fait écho à l'illustration toute proche.

La salle de bains, directement ouverte sur la chambre parentale, est aussi sobre que le reste de l'appartement. Quelques carreaux de ciment disposés au sol comme un tapis de bain délimitent l'espace baignoire. Le cadre or du miroir apporte une touche de contraste, tout comme l'applique industrielle noire. Son bureau rétro, parfaitement taillé pour tirer parti de ce coin atypique de la pièce est complété par une chaise à barreaux vintage, classique des assises scandinaves.

UNE TOUCHE
NORDIQUE-CHIC

Au-dessus de l'enfilade, Anne a disposé un mur de cadres habillant habilement le mur. La cuisine jouxte ce spacieux salon : on aperçoit les chaises à barreaux typiquement nordiques et quelques touches de couleurs pastels qui viennent égayer ce grand cocon blanc.

UN COCON
aux couleurs pastel

Esthétique et indémodable, le pastel est une valeur sûre de la déco scandinave. Anti-bling par excellence, les coloris dragée diffusent une ambiance fraîche, apaisante, et bon nombre de labels suédois déclinent désormais leurs gammes en rose, bleu, jaune et vert. Chez Anne-Sophie, maman d'une petite fille, rose poudré et gris perle s'invitent sur le mobilier, les petits objets, les luminaires. Loin de se cantonner à la chambre de Romy, ces couleurs délicates adoucissent le black & white qui domine dans le trois-pièces familial. L'accumulation de coussins disposés sur le canapé, les fauteuils et le lit vient renforcer l'esprit cocooning qui se dégage de cet espace plein de douceur.

◇
50 NUANCES DE GRIS

Lignes graphiques et silhouettes fifties, tel est le parti pris d'Anne-Sophie pour ce salon. Un jeu de matières textiles ajoute une note cosy à l'ensemble.

Pour masquer le bazar dans les appartements manquant de placards, rien de mieux que quelques jolies boîtes de rangement.

Le duo black & white est adouci par un camaïeu de gris et de subtiles touches de pastel. Les murs immaculés sont habillés de tableaux abstraits et de photos de famille disposées dans un porte-cartes postales.

Journaliste dans la presse sportive, Anne-Sophie a créé son blog en 2006 afin d'assouvir son côté girly. Cette fan de mode y dévoile ses looks et ses achats coups de cœur. Un univers plein de poésie.
www.lesgrandesfillesmodeles.com

◇

LA VIE EN ROSE

Dans la chambre de la petite Romy, les murs sont recouverts de gris clair et différentes teintes de roses viennent parfaire cette déco tout en finesse.

Le coin bureau, installé dans la chambre parentale, est très épuré. Un miroir en forme de fleur, un set de poupées russes et des stickers pois au mur apportent une pointe de fantaisie.

Pour donner de la chaleur à son appartement, Anne-Sophie joue sur les détails, comme ce set de poupées russes revisité en black & white.

Et si on passait mille et une nuits à regarder les étoi

◇

UN MONDE DE DOUCEUR

Dans la chambre parentale, le black & white domine. Cependant, de petites notes pastel viennent se glisser ici et là, apportant une touche romantique. Anne-Sophie affectionne aussi les stickers, elle sème volontiers des messages personnels sur les murs de son appartement.

UN ESPRIT
minimal chic

Surnommés Jacques par leur propriétaire, les grands bois de cerf qui trônent au-dessus du canapé donnent résolument des airs scandinaves à cet appartement à la déco épurée. Une dominante de noir et blanc, tel est le parti pris de Séverine. Un thème positif/négatif qui n'est pas sans rappeler la photo. Le résultat aurait pu être très masculin, elle évite pourtant cet écueil en apportant une petite touche girly avec des accessoires pop et flashy qui réveillent son intérieur. Chineuse du Web, elle traque les bons plans et achète au fil de ses coups de cœur du mobilier vintage qui ajoute un petit supplément d'âme à son intérieur graphique. Ce combo de black & white très scandinave et des détails bien sentis contribuent à créer une atmosphère minimaliste et cosy.

◇

UNE TOUCHE POP

Pour apporter du peps, Séverine mise sur des coloris flashy comme cette lampe géométrique réveillée par un jaune et un rose vitaminés.

Graphiste de formation, Séverine a lancé sa marque de déco Oelwein en 2012. Elle crée des petits objets pour la maison, plateaux, planches à snacker, affiches, torchons et coussins sur lesquels elle appose sa patte graphique et onirique.

www.oelwein.fr

Ouverte sur le salon, la cuisine est immaculée afin de mieux se fondre dans le décor. De petites touches de couleur menthe apportent un zeste de fraîcheur à la vaisselle rangée sur des rayonnages apparents, comme cela est souvent l'usage dans les pays nordiques.

Des détails kitch viennent se glisser de-ci de-là comme ce crâne multicolore mexicain.

Pour conserver l'esthétique black & white, la crédence a été peinte en noir. Un détail qui fait la différence.

BLACK AND WHITE GRAPHIQUE

Séverine affectionne aussi le bois, un matériau brut que l'on retrouve dans de nombreux objets comme ces patères rondes.

Séverine dispose d'un atelier pour travailler, mais elle conserve un grand bureau à son domicile pour réaliser quelques dessins. Dans son home office, on retrouve les différents éléments qui composent son style, comme le bois du plan de travail, une lampe industrielle rose fluo et des détails animaliers. Parmis eux, un petit trophée de chasse peint en noir mat, ainsi qu'un poster buffle de sa composition.

La chambre est un vrai cocon de blancheur, mais de petits éléments graphiques viennent s'y glisser comme ces coussins issus de sa propre collection.

DIY
nordiques

BOUGEOIRS
EN BÉTON

Ces bougeoirs, dont on peut aisément décliner la forme,
viendront apporter une touche brute à votre intérieur.

—

LE MATÉRIEL

POUR DEUX BOUGEOIRS

450 g de ciment gris

150 ml d'eau

Un petit pot de peinture

Deux gobelets en plastique

Deux bougies

Une truelle

COMMENT FAIRE

Mélangez 3 volumes de ciment pour 1 volume d'eau. Versez le mélange dans le gobelet en plastique (n'importe quel contenant en plastique ou en carton fonctionne). Amusez-vous avec les formes. Plantez la bougie dedans, assez profondément pour qu'elle tienne droit toute seule.

Au bout de 3-4 heures, twistez légèrement la bougie pour la sortir de son emplacement. Le ciment conservera sa forme. Si vous attendez trop, elle restera prisonnière.

Laissez sécher trois jours. Quand le ciment sera complètement sec, il sera rétracté et sortira facilement du gobelet. Trempez-le dans la peinture, laissez l'excédent s'écouler puis retournez le bougeoir pour le laisser sécher.

ALL
YOU
NEED
IS
LOVE
+

PHOTOPHORES ORIGAMIS

Ces petits photophores au look géométrique orneront aussi bien une petite étagère qu'une table basse.

—

LE MATÉRIEL

POUR DEUX PHOTOPHORES

Deux feuilles de papier blanc 80 g

Deux bougies LED

Une règle

Du masking-tape

De la colle

6 cm

18 cm
+ 1,5 cm
de marge
de chaque
côté

COMMENT FAIRE

Confectionnez un gabarit de 18 × 6 cm en reproduisant ce schéma. Laissez 1,5 cm de chaque côté.

Découpez une feuille de la taille du gabarit (marges comprises) et fixez-la au gabarit avec du masking-tape.

À l'aide d'une règle, marquez les plis sur les lignes vertes en insistant bien.

Marquez ensuite les plis bleus dans un sens, puis dans l'autre sens, toujours en insistant bien.

Enlevez le gabarit et découpez les marges.

Formez un cylindre et collez à l'endroit où se superposent les formes. Vous pouvez ensuite réutiliser le gabarit pour réaliser d'autres photophores.

ÉTAGÈRE SUSPENDUE

Cette étagère aérienne et épurée est parfaite
pour mettre en valeur souvenirs et objets déco.

—

LE MATÉRIEL

POUR UNE ÉTAGÈRE

Deux planches en chêne massif 60 × 8 cm

5 m de corde en coton supportant au moins 20 kg

Des perles en bois de 35 mm

Une perceuse

Une mèche à bois taille 5

Une règle

Des chevilles adaptées à votre mur

Deux crochets solides

Un niveau

COMMENT FAIRE

Coupez deux morceaux de corde de 2,5 m. Attention à la résistance de la corde. Si vous ne comptez pas remplir l'étagère de livres, une corde en coton supportant 20 kg sera suffisante. Dans le cas contraire, prévoyez une corde plus résistante. Il en va de même pour les chevilles et les crochets.

Nouez chacune des cordes au centre pour former une boucle.

Percez le mur et placez les chevilles ainsi que les crochets.

Accrochez les deux morceaux de cordes par les boucles.

Placez un repère à 2 cm de chaque bord, au coin de chaque planche. Percez avec la mèche à bois.

Pour cette étape, il est plus facile d'être deux. Passez les cordes au travers des trous de la première planche. Lorsque la planche est droite (aidez-vous du niveau) faites des doubles nœuds à chaque corde sous la planche.

Enfilez les perles en bois sur les cordes et placez la seconde planche comme la première. Stabilisez-la également en nouant la corde sous la planche.

Pour finir joliment l'étagère, enfilez une perle en bois à l'extrémité des cordes (joindre les deux bouts de chacune) puis faites un nœud en dessous.

ÉTOILE EN PERLES DE BOIS

Cette étoile apportera une touche scandinave à votre déco de Noël, mais pourra rester suspendue toute l'année.

—

LE MATÉRIEL

POUR UNE ÉTOILE

48 perles en bois de 20 mm

Du fil de fer de 1,1 mm

Une pince coupante

Du bakers-twine ou de la ficelle

COMMENT FAIRE

Coupez 1,70 m de fil de fer. Enfilez une première perle au centre. Puis enfilez les deux tiges de fil ainsi formées dans une deuxième perle. Pendant toute la confection de l'étoile, serrez bien les perles les unes contre les autres.

Enfilez deux perles sur chaque fil, puis enfilez les deux bouts dans une perle. Voici votre première branche.

Enfilez six perles sur un des fils.

Repassez le fil dans la deuxième perle de cette branche, puis ajoutez deux perles. Repassez dans la dernière perle. Voici votre deuxième branche.

Repartez du second fil de la première branche et réalisez une troisième branche. Refaites une branche de chaque côté de l'étoile.

Vous avez désormais cinq branches. Enfilez une perle sur chaque fil.

Joignez les deux bouts dans une perle.

Enfilez deux perles de chaque côté.

Enfilez les deux fils dans deux perles et sécurisez la dernière en passant deux fois dedans.

Coupez et ajoutez de la ficelle pour suspendre l'étoile.

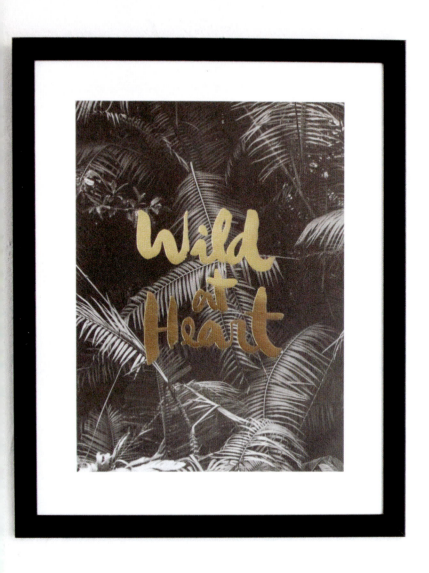
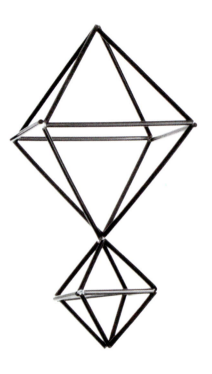

HIMMELI
BLACK

Ces formes géométriques suspendues sont des décorations de Noël typiques en Finlande. On peut les utiliser partout, dans la maison ou sur le sapin. Et pourquoi pas, toute l'année !

LE MATÉRIEL

Pour un himmeli

12 pailles à cocktail fines

Du fil de pêche

Une règle

Une paire de ciseaux

COMMENT FAIRE

Vous pouvez réaliser ce himmeli dans plusieurs tailles ou formes en jouant avec la taille des segments. Le principe reste le même.

Coupez les pailles de la taille souhaitée.

Enfilez quatre pailles sur le fil de pêche.

Formez un losange et nouez le fil de pêche.

Enfilez deux pailles sur un des fils, et nouez-le en bas du losange.

Enfilez à nouveau deux pailles sur l'autre fil, et nouez-le en bas du losange.

Nouez un fil au centre du himmeli, à l'une des intersection des segments.

Enfilez une paille et faites un nœud à l'intersection suivante. Continuez ainsi avec les trois pailles suivantes.

Coupez le fil et enfilez l'excédent dans les pailles. Pour suspendre le himmeli, fixez du fil de pêche au sommet.

LAMPE DÉNUDÉE

Cette lampe baladeuse, réduite à sa plus simple expression,
sobrement suspendue sur une équerre, fait joliment office d'applique.

—

POUR UNE SUSPENSION

Une douille en céramique

Un interrupteur

Une prise mâle

Un serre-câble

Un fil électrique

Une belle ampoule

Des vis à tête plate

Des chevilles

Une pince à dénuder

Une paire de ciseaux

Un petit tournevis électrique

Une équerre

De la colle

COMMENT FAIRE

Pour obtenir un résultat à la hauteur, choisissez de beaux matériaux : une douille en céramique, plutôt qu'en plastique, un câble couvert de tissu de couleur, un interrupteur et une prise assortis. Faites-vous plaisir !

Commencez par couper le fil à la longueur désirée. Ôtez quelques centimètres de tissu (juste assez pour qu'il couvre quand même le fil dès qu'il dépassera de la prise) et collez-le sur le câble 0,5 cm pour qu'il reste bien tendu. Enlevez la première gaine de plastique, en faisant attention de ne pas enlever la gaine des câbles.

Dénudez les câbles sur 0,5 cm.

Ouvrez la prise, vissez (ou clipsez, selon le modèle de prise) les extrémités dénudées des câbles aux emplacements prévus.

Enfilez le serre-câble. C'est grâce à lui que la douille sera suspendue en toute sécurité.

Dénudez comme précédemment l'autre extrémité du câble. Vissez les câbles aux emplacements prévus dans la douille.

Revissez la douille ainsi que le serre-câble. Accrochez l'équerre au mur (la nôtre se fixe avec deux vis) et suspendez votre lampe pour voir à quel endroit vous souhaitez placer l'interrupteur. Coupez le fil à cet emplacement.

Dénudez comme précédemment chaque extrémité du câble. Ouvrez l'interrupteur (soit il se visse, soit il se clipse). Vissez les câbles aux emplacements prévus. Si nécessaire, vérifiez le schéma sur le mode d'emploi de votre interrupteur.

Suspendez votre lampe et branchez-la.

ORNEMENTS POUR SAPIN

Ces suspensions fabriquées à partir d'emporte-pièces pour sablés seront parfaites pour donner un air scandinave à votre sapin. Vous pouvez également les utiliser comme étiquettes pour vos cadeaux de Noël.

—

LE MATÉRIEL

POUR 8 ORNEMENTS

Des emporte-pièces pour sablés en forme d'étoiles, de rennes ou autres.

500 g de pâte à modeler blanche séchant à l'air

De la peinture dorée en bombe

Un film transparent

Du masking-tape

Un rouleau à pâtisserie

Une paille

Des lettres à tamponner pour biscuits

Du bakers-twine ou de la ficelle

COMMENT FAIRE

Commencez par étaler la pâte à modeler, puis apposez fermement l'emporte-pièce.

Ôtez l'excédent de pâte tout autour du moule. Si vous le souhaitez, tamponnez un mot ou un prénom, pour l'étiquette d'un paquet cadeau par exemple. Faites un trou à l'aide de la paille pour pouvoir ensuite suspendre l'ornement. Laissez-le sécher à l'air libre pendant 24 heures (vérifiez le temps de séchage sur l'emballage).

Quand il est bien sec, couvrez la partie que vous ne souhaitez pas peindre avec le film transparent et fixez-le avec du masking-tape. Bombez.

Il ne vous reste plus qu'à attacher un peu de bakers-twine avant de le suspendre.

HORLOGE GRAPHIQUE

Cette horloge géométrique, ultrasimple à réaliser, est personnalisable à l'infini.

—

LE MATÉRIEL

POUR UNE HORLOGE

Un mécanisme d'horloge et une paire d'aiguilles

Un dessous-de-plat en liège

Une vrille

De la peinture dorée en bombe

De la colle en spray

Du papier épais 250 g

Un film transparent

Du masking-tape

Une règle

COMMENT FAIRE

Tracez un cercle sur la feuille de papier en vous aidant du dessous-de-plat en liège.

Découpez la feuille.

Percez le dessous-de-plat au centre à l'aide de la vrille.

Positionnez le film transparent sur la partie de la feuille que vous ne souhaitez pas peindre. Fixez-le avec du masking-tape. Bombez la feuille ainsi que les aiguilles.

Lorsque la peinture est sèche, retirez le film transparent. Percez la feuille au centre.

Enfilez la partie filetée et fixez-la, avec l'écrou fourni, sur la façade de l'horloge. Ajoutez les aiguilles.

Suspendez votre horloge.

CARNET

d'adresses

—

Dans ce carnet d'adresses, vous trouverez toutes nos marques coups de cœur, nos e-shops fétiches et nos créateurs favoris. Autant de pistes pour dénicher de belles pièces au look scandinave.

LES MARQUES SCANDINAVES

—

& Tradition
www.andtradition.com

Bloomingville
www.bloomingville.com
Confidentielle il y a encore deux ans, cette marque danoise a vu sa popularité grimper en flèche. On trouve désormais leurs céramiques, mobilier en rotin, luminaires et collection pour enfants dans de nombreuses boutiques.

Broste Copenhagen
www.brostecopenhagen.com

By Nord
www.bynord.com

Casalinga
www.casalinga.dk
Formée à la célèbre Central Saint Martin School de Londres et à la Danish School of Design de Copenhague, Trine Weng, la créatrice, a fait ses armes à Milan, avant de lancer sa propre marque en 2008 à Copenhague. Son nom Casalinga, qui signifie « femme au foyer », est un clin d'œil non dissimulé à son expérience italienne, mais ses créations sont résolument scandinaves. Avec leurs tons pastel, leurs graphismes romantiques et leurs formes brutes, ces jolies céramiques (vases, bols, carafes, assiettes, bougeoirs) réinventent la porcelaine traditionnelle danoise.

Design House of Stockholm
www.designhousestockholm.com

Design Letters
www.designletters.dk

Ferm Living
www.fermliving.com
Fer de lance de la mouvance new nordic, avec ses graphismes géométriques, Ferm Living a su séduire les décoïstas.

Fine Little Day
www.finelittleday.com
Impossible de faire l'impasse sur cette marque, et plus particulièrement sur ses textiles aux imprimés « sapins » en black & white.

The Hansen Family
www.thehansenfamily.com

Hay
www.hay.dk

House Doctor
www.housedoctor.dk

Hubsch
www.hubsch-interior.com

Iittala
www.iittala.com

Iris Hantverk
www.irishantverk.se

Jippi

www.jippidesign.com
Pas de déco scandinave sans peaux de bêtes. Cette marque norvégienne distribue des peaux de renne et de mouton naturelles, parfaites pour donner un accent viking à nos intérieurs.

Kahler

www.kahlerdesign.com

Kristina Dam

www.kristinadam.dk

Kay Bojesen

www.kaybojesen-denmark.com

Madam Stoltz

www.madamstoltz.dk

Marimekko

www.marimekko.com

Ment

www.ment.no
Une marque de céramiques qui combine minimalisme et rigueur norvégienne. On aime la douceur des coloris, les formes à la fois simples et élaborées.

Menu

www.menu.as

Muuto

www.muuto.com

Nämä

www.nama.fi
Ruth Landesa parcourt la Finlande à la recherche de designers et d'artisans pour son e-shop. Sa sélection de produits poétiques est un savant mélange de tradition et de modernité. Elle a également lancé sa propre collection d'objets pour la cuisine. Sa boutique fait la part belle au bois, à la céramique et aux dessins naïfs qui caractérisent le design scandinave.

Nordal

www.nordal.eu

Norman Copenhagen

www.normann-copenhagen.com

Northern Lighting

www.northernlighting.no

Omm Design

www.ommdesign.se

Oyoy

www.oyoy.dk
Du textile en coton bio, des petits objets en bois et des imprimés graphiques pour toutes les pièces de la maison, de la cuisine à la salle de bains en passant par la chambre.

Pia Wallen

www.piawallen.se

String System

string.se

Vaja

www.vaja.fi

Varpunen

varpunen.bigcartel.com

Vipp

www.vipp.com

Vissevasse

www.vissevasse.dk
Vissevasse propose une série d'affiches au graphisme inspiré de l'esthétique art déco sur le thème de la Scandinavie : fjord norvégien, plage danoise, îles suédoises...

LES CRÉATEURS FRANÇAIS

—

April Eleven

www.aprileleven.fr
Des créations empreintes de douceur qui ponctuent avec poésie la chambre des kids, mais aussi le reste de la maison. Des produits artisanaux, made in France et responsables – la créatrice se fournit uniquement en bois français issu de forêts écogérées.

Caroline Gomez

www.carolinegomez.com
Un univers minimaliste et poétique, inspiré des pays du Nord. Planches à snacker, étagères, jardinières suspendues, vaisselle, lampes, consoles, des créations artisanales taillées dans des matériaux bruts (bois, céramique, cuir...) et made in France, qui facilitent et réenchantent le quotidien.

Coussin Germain

www.coussingermain.com

En plus d'une sélection de coussins complète, qui reprend notamment les classiques des marques scandinaves, Julie propose ses propres modèles non dénués d'humour.

Juliette Beaupin

www.juliettebeaupin.com
Des coussins et des chaises graphiques handmade, taillés dans de belles matières.

Kann Design

www.kanndesign.com

Marika Giacinti

www.marikagiacinti.com

MilieO

www.milieo.com
Cartes, papiers cadeaux, affiches, coussins, mais aussi pochettes, tote bags, des produits de qualité (matières naturelles, encres non polluantes...), fabriqués en petites quantités par le biais de techniques manuelles authentiques comme la sérigraphie.

Mr & Mrs Clynk

www.mrmrsclynk.com

My Lovely Thing

mylovelything.com
Des posters et des cartes très poétiques, façon aquarelle, à dominante pastel. Une collection de papeterie idéale pour décorer la chambre des enfants.

Oelwein

www.oelwein.fr
Coussins, planches à snacker, jolis plateaux,

affiches, cette graphiste et illustratrice décline son univers onirique sur une collection d'objets pour la maison, produits avec soin.

Oak Gallery
www.etsy.com/fr/shop/OAKgallery
Des créations graphiques réalisées à partir de photos issues d'un roadtrip nord-américain.

Rededition
www.rededition.com
Une marque qui puise son inspiration dans les fifties. Table galet, commode d'inspiration scandinave, canapé aux lignes épurées sont au rendez-vous.

Trésors Inutiles
www.tresorsinutiles.com

LES E-SHOPS MULTIMARQUES
—

Anna Ka Bazar
www.annakabazaar.com

Bazar & co
www.bazarandco-store.com

Bodie & Fou
www.bodieandfou.com
Cet e-shop anglais tenu par une Française ne se réclame pas spécialement du design scandinave, mais l'esprit black & white qui domine la sélection

de Karine est tout à fait en adéquation avec l'univers que l'on affectionne. Coup de cœur particulier pour sa sélection d'affiches.

Cachette
www.cachette.com

Décoclico
www.decoclico.fr

Etoile & Company
www.etoileandcompany.com

Les Fleurs
www.boutiquelesfleurs.com

Fleux
www.fleux.com
On retrouve sur ce site un concentré de l'offre présente dans les magasins du Marais. Très belle sélection, il est bien difficile d'en sortir bredouille.

Linen & Milk
www.linenandmilk.com

Love Creative People
www.lovecreativepeople.com

Happy Home
www.happyhome.bigcartel.com

Home Autour du Monde
eshop.bensimon.com

Home Scandinave
www.homescandinave.bigcartel.com
Cette superbe boutique nantaise fait aussi de

la vente en ligne. On y trouve notamment de jolis objets usuels pour la cuisine, des paniers de rangement, mais aussi des accessoires déco de petites marques comme Bloomingville, House Doctor, &Klevering, HK Living et Present Time. Une sélection aux petits oignons pour des objets à prix doux.

Milk & Paper

www.milkandpaper.bigcartel.com

Millimètres

www.millimetres.fr
Cet e-shop pour kids, qui possède également une boutique parisienne, fut l'un des premiers à importer le style scandinave dans les chambres de nos enfants.

Neest

www.neest.fr
Ce petit e-shop distribue des objets bruts et pleins de poésie, essentiellement en bois, comme les brosses Iris Hantverk.

Le repère des Belettes

www.lereperedesbelettes.com
Une sélection originale, qui a toujours une longueur d'avance, tel est le secret du duo à la tête de cet e-shop.

Oiva

www.oiva.fr

LES ADRESSES VINTAGE

—

Brocante Lab

www.brocantelab.com

Desuet

www.desuet.fr

Fresh & Vintage

www.freshandvintage.fr
Une offre très complète pour les petits et les grands : luminaires, mobilier, tapis, la sélection est large, mais toujours à la pointe de la tendance.

Irène Irène

www.ireneirene.com

Galerie Møbler

www.galerie-mobler.com

Les Happy Vintage

www.leshappyvintage.fr
Dans cet e-shop dédié aux kids on trouve du mobilier, mais aussi des jouets, des affiches et des livres.

Hello Vintage

www.hellovintage.fr

Le Petit Florilège

www.lepetitflorilege.com
On aime la présentation élégante et épurée de cet e-shop créé par un couple de décorateurs d'intérieur bordelais. On y trouve du mobilier

vintage, mais aussi des créations hand made et de jolis éléments de déco.

Retour de Chine
www.retourdechine.canalblog.com
Cet e-shop propose une sélection pointue de mobilier, dont beaucoup de meubles fifties d'inspiration scandinave, souvent relookés avec goût par la propriétaire.

Rien à cirer
www.rien-a-cirer.fr

LES MARQUES ET SITES DESIGN
—

Ambiante Direct
www.ambientedirect.com

Le Bon Marché
www.lebonmarche.com
Le grand magasin parisien a récemment remanié son espace dédié à la maison, faisant la part belle au mobilier.

La Boutique Scandinave
www.laboutiquescandinave.com

Carl Hansen & Son
www.carlhansen.com
L'éditeur de grands créateurs danois comme Hans J. Wegner.

Conran Shop
www.conranshop.fr
Le magasin du designer anglais reste une référence en matière de bon goût.

Design Ikonik
www.design-ikonik.com
Un très bel e-shop qui recense le best-of du design nordique. On trouve d'authentiques modèles de nombreuses marques comme Hay, & Traditions, String mais aussi Asplund, Louis Poulsen ou The Hansen Family. Une large sélection de mobilier design aux lignes vintage qui comprend de prestigieuses signatures comme Hans Wegner ou Arne Jacobsen, mais aussi des must-have contemporains.

Esprit Nordik
www.espritnordik.com
Un e-shop qui mise sur les accessoires, avec notamment une jolie sélection pour le bain et la cuisine, et des objets sympas pour les kids comme la superbe collection de vaisselle Bloomingville, ainsi que les affiches Fine Little Day.

Fritz Hansen
www.fritzhansen.com
Une référence en matière de design. Cet éditeur a notamment fabriqué les chaises Arne Jacobsen ou Poul Kjaerholm.

Jieldé
www.jielde.com

Kitchenaid
www.kitchenaid.fr

Knoll
www.knoll-int.com

Lampe Gras
www.lampegras.fr

Made In Design
www.madeindesign.com

Magis
www.magisdesign.com

Merci
www.merci-merci.com

Nordkraft
www.nordkraft.fr
Daybed, lampe flowerpot, bougies, vélo, dans sa boutique parisienne Nordkraft propose des objets issus de l'art de vivre danois et possède un e-shop très bien fourni, plutôt haut de gamme.

Royal Design
www.royaldesign.fr

Silvera
www.silvera-eshop.com

Smeg
www.smeg.fr
Avec leurs courbes délicieusement fifties et leurs coloris pastel, les produits de ce fabricant d'électroménager ont su séduire les intérieurs contemporains et se fondent parfaitement dans les cuisines au style scandinave.

Tolix
www.tolix.fr

Vitra
www.vitra.com
Cet éditeur incontournable en matière de design compte à son catalogue de nombreuses pièces culte des fifties comme les assises Charles et Ray Eames ou les chaises Standard de Jean Prouvé.

Uaredesign
www.uaredesign.com

LES PETITS PRIX
—

3 suisses
www.3suisses.fr

Alinéa
www.alinea.fr

AM.PM
www.ampm.fr
Le label haut de gamme de La Redoute propose une sélection intéressante de mobilier qui s'apparente au style épuré scandinave.

Dille & Kamille
www.dille-kamille.fr
L'adresse incontournable des décoïstas à Bruxelles. Impossible de résister à sa sélection épurée à prix mini, consacrée à l'univers de la maison : ustensiles de cuisine impeccables, textiles, objets pour le bain, papeterie, jouets, articles de jardin et rayon épicerie...

Habitat
www.habitat.fr

Hema

www.hema.fr

L'enseigne néerlandaise de déco à petit prix propose de jolis accessoires pour la maison. On aime tout spécialement leurs vases, les paniers de rangement et les accessoires de cuisine.

HK Living

www.hkliving.nl

H & M home

www.hm.com

Le géant du textile suédois propose sa sélection déco à prix serré. Comme pour les vêtements, on repart toujours avec quelque chose.

Ikea

www.ikea.com

Leroy Merlin

www.leroymerlin.fr

Fly

www.fly.fr

Landmade

www.landmade.fr

Made

www.made.com

Maisons du Monde

www.maisonsdumonde.com

Miliboo

www.miliboo.com

Des meubles au look impeccable à prix imbattables.

Sengtai

www.sengtai.com

La Redoute

www.laredoute.fr

Urban Outfitters

www.urbanoutfitters.com

Zôdio

www.zodio.fr

& Klevering

www.klevering.com

Dépôt légal : septembre 2015
N° d'éditeur : 9453
Imprimé en Roumanie par Canale